„Ich bin ja kein Nazi, aber …"

- mit Vorurteilen aufräumen

Tobias Schindegger

ISBN-13: 978-1517377809
ISBN-10: 1517377803

INHALT

1.0 Vorwort

Wenn ein Satz derart beginnt, kann man sichergehen, dass er durch absoluten Schwachsinn ergänzt wird. Ich habe noch nie einen Menschen diesen Satz beginnen gehört, der im Anschluss etwas Intelligentes gesagt hätte. So was wie: „Ich *bin ja kein Nazi, aber E=mc²"* ... Das kam einfach noch nie vor und passt irgendwie auch nicht. Wer einen Satz so beginnt, nimmt sich die Integrität, den Respekt und der Intelligenz (*ganz geschweige der Ethik und Moral – aber ich will nicht vorweg greifen*). Dennoch gebe ich zu, komme ich nicht umhin, hinzuhören. Denn ich bin schadenfroh und erlebe nur zu gerne, wenn sich jemand der Lächerlichkeit preis gibt. Obwohl auch ein klein wenig Fremdschämen mitschwingt – aber ich arbeite daran.

Dieses Werk ist entstanden, da das braune Gedankengut in Deutschland leider immer noch nicht ausgestorben ist. (*Obwohl wir es eigentlich besser wissen müssten*).

Dies zeigt auch die derzeitige Asylpolitik bzw. wie ein Teil der Bevölkerung mit den Flüchtlingen, die in Deutschland eintreffen, umgeht. Tja, damit muss man rechnen, wenn Deutschland Rüstungsexporte und Truppen in Krisengebiete (*aus wirtschaftlichen*

Interessen) entsendet, passiert's halt: in dem Land kommt es zum Krieg, die Menschen flüchten. Ähnlich verhält es sich mit der Ausbeutung anderer Länder. Deutschland beraubt andere Länder ihre Wirtschaftsgüter zu Spottpreisen, unterstützt marode Arbeitsbedingungen und die Ausbeute der Arbeiter und fördert so die Armut in dem fremden Land. Die Ärmsten werden ärmer, die Reichen reicher. Daraus entsteht Unmut, Verzweiflung, Verzweiflung schlägt um in Hass ... der Krieg scheint unausweichlich. – Somit tragen die reichen Wirtschaftsländer (*Ja, Deutschland gehört dazu*) zum Flüchtlingsstrom bei und ja: das deutsche Volk trägt sehr wohl mit Schuld für Kriege und Armut in sog. *„Krisenländern"*. **Die Flüchtlinge wollen nicht besser leben, sie wollen über-leben!**

Zu den Fakten bzw. den Argumenten gegenüber braunem Gedankengut:

2.0 VORURTEILE TREFFEN AUF FAKTEN

2.1 *„DIE GEFÄHRDEN UNSERE KULTUR“*

Die Nazis haben versucht über ihre Rassenlehre zu belegen, wie toll entwickelt der Deutsche doch ist und die Überrasse „Arier“ allen anderen auf dem Planeten Erde überlegen ist. Außerdem versuchte man zu belegen, wie unterentwickelt und bösartig doch die „Juden“ und „Neger“ seien und wie gefährlich behinderte, homosexuelle und psychisch erkrankte Menschen wären. Nachdem bewiesen wurde, dass dies richtig großer Mist war und (*nicht nur wissenschaftlich betrachtet*) absoluter Schwachsinn ist, versucht sich nun der braune Mob anhand des Kulturbegriffes abzugrenzen, um sich selbst aufzuwerten. (*Armes Deutschland*)

Die UNESCO schreibt, dass *"kulturelle Vielfalt ein wichtiges Merkmal der Menschheit"* ist. Menschen mit vielfältigen kulturellen und persönlichen Hintergründen und Erfahrungen bereichern jede Kultur – auch die in Deutschland.

Eigentlich kommen wir alle aus Afrika. Menschliche Knochenfunde aus Äthiopien und Kenia weisen darauf hin, dass die Menschen einst von dort ausgehend die anderen Erdteile besiedelten. Seither ist alle Geschichte immer auch eine Geschichte der Migration. Die so genannte *„Völkerwanderung“* war tatsächlich ein gigantischer Prozess der Vermischung von Menschen unterschiedlicher Herkunft. Das ist in der Geschichte der Normalfall. Migrantinnen und Migranten waren schon immer da. Das "*reine deutsche Volk*" oder die „*deutsche Kultur*" ist schon immer eine Erfindung gewesen.

Eines Tages werden aus Zugewanderten Einheimische. Wenn die ehemals „*Fremden*" eine Weile da sind, sind sie nicht mehr fremd. Und wo lange niemand mehr dazukommt, entsteht der Eindruck, man sei schon immer "*unter sich*". Daher ist auch nicht verwunderlich, dass Menschen gerade in solchen Gegenden mehr Angst vor einer vermeintlichen „*Überfremdung*" haben, wo statistisch gesehen die wenigsten „*Ausländer*" leben. Wo Menschen dagegen im Alltag permanent mit Migrantinnen und Migranten in Kontakt kommen, herrscht dagegen eher Gelassenheit und Normalität.

2.2 „DAS SIND DOCH ALLES NUR WIRTSCHAFTSFLÜCHTLINGE"

Das stimmt so nicht. Es kommt stark auf das Herkunftsland an, ob ein Asylbewerber bleiben darf. Die meisten Flüchtlinge kommen z. Zt. aus Syrien nach Deutschland. Von den Syrern, deren Asylverfahren abgeschlossen wurde, dürfen 86,7 % bleiben. Ähnlich ist es für Menschen aus dem Irak (88,8 %) und Eritrea (77,0 %). Bei Balkan-Flüchtlingen liegt die Quote fast bei 0 % (*Albanien 0,3 %, Serbien 0,1 %, Mazedonien 0,3 %*) 1/3 dieser Flüchtlinge sind Roma. In Deutschland gelten sie als Flüchtlinge aus sicheren Herkunftsstaaten, deswegen werden Roma wieder zurückgeschickt.

2.3 „DEUTSCHLAND NIMMT ZU VIELE FLÜCHTLINGE AUF"

Deutschland hat dieses Jahr bisher 800.000 Flüchtlinge aufgenommen. In Deutschland leben allerdings auch (*im europäischen Vergleich*) die meisten Menschen. 80.000.000 Einwohner In der Relation mit anderen europäischen Ländern, liegt Deutschland nur auf Rang vier.

1. Ungarn
2. Schweden
3. Österreich
4. Deutschland

Die meisten Flüchtlinge fliehen aber nicht nach Europa sondern in ihre Nachbarländer.

Die meisten Flüchtlinge 2014 leben in der Türkei (*über 1,5 Mio*).

Gefolgt von Pakistan (*über 1,5 Mio*) 800.000 Asylsuchende lautet die Prognose im September 2015. Fast viermal so viele Menschen wie 2014 sind eine große Herausforderung für unser Land, die Verwaltung und die Kommunen, aber nicht neu. Bereits in den 1990-er Jahren gab es ähnlich viele Asylanträge (1992: mehr als 400.000). Deutschland als die viertstärkste Wirtschaftsmacht der Welt ist dazu in der Lage. Langfristig sind für die Aufnahme und Integration von Flüchtlingen allerdings erheblich mehr finanzielle Mittel notwendig.

Weltweit sind mehr als 60 Millionen Menschen auf der Flucht, darunter 30 Millionen Kinder. Fast 90% suchen Schutz im eigenen Land oder in Nachbarländern. Im Verhältnis zur Bevölkerung leben derzeit die meisten Flüchtlinge im Libanon, wo jeder vierte Einwohner ein Flüchtling ist, und in Jordanien (11%). In Deutschland befinden sich nicht einmal 1% der Flüchtlinge weltweit. 2014 haben rund 626.000 Flüchtlinge einen Asylantrag in einem EU-Land gestellt – davon 202.645 in Deutschland. Damit steht Deutschland in absoluten Zahlen an der Spitze der europäischen Länder, weltweit jedoch nur auf Platz 16.

Im Verhältnis zur Größe der Bevölkerung hat Schweden den höchsten Flüchtlingsanteil: 8,4 Asylanträge pro tausend Einwohner, gefolgt von Ungarn (4,3 Anträge). Deutschland belegt mit 2,5 Asylbewerbern pro tausend Einwohner in Europa Platz acht, weltweit Platz 13. Allerdings ist in keinem anderen Land der EU der Bearbeitungsstau so groß wie in Deutschland. 2014 dauerte die Bearbeitung eines Asylantrags durch das Bundesamt für Migration und Flüchtlinge durchschnittlich 7,1 Monate.

2.4 „DEUTSCHLAND HAT SELBST EIN ARMUTSPROBLEM, UM DAS SICH DIE POLITIK ZUERST KÜMMERN MUSS!"

Kein Zweifel, auch in Deutschland gibt es Armut. Deswegen aber keine Flüchtlinge mehr aufzunehmen würde unserer Verfassung widersprechen. Laut Grundgesetz (Artikel 16a) haben politisch Verfolgte ein Recht auf Asyl. Die Höhe der Sozialleistungen ist unabhängig von der Zahl der Flüchtlinge. Auch das Argument die Flüchtlinge würden den Deutschen die Arbeitsplätze wegnehmen, ist übertrieben. Asylbewerber dürfen die ersten 3 Monate gar nicht arbeiten und die meisten können danach nur einen Job annehmen, auf den sich kein Deutscher oder EU-Bürger bewirbt.

2.5 *„FLÜCHTLINGE BEKOMMEN MEHR GELD ALS HARTZ IV EMPFÄNGER!"*

Das ist falsch. Ein alleinstehender Asylbewerber bekommt € 216 pro Monat als notwendigen Bedarf (*z. B. für Essen und Kleidung*). In den ersten 3 Monaten wird dies als Sachleistung gezahlt. Dazu gibt es ein Taschengeld von 143 € pro Monat. Insgesamt macht das 359 €. Der bestehenden Harzt IV – Regelsatz steht derzeit bei 399,- €

Asylsuchende erhalten das Existenzminimum, wie es das Bundesverfassungsgericht für alle Menschen in Deutschland vorsieht. Tatsächlich erhalten sie allerdings weniger als deutsche Sozialleistungsempfänger, zum Beispiel nur eine eingeschränkte Versorgung bei Schmerzen und akuten Krankheiten. Auch dürfen sie ihren Wohnsitz zunächst nicht frei wählen und müssen in Massenunterkünften, oft in Notunterbringungen wie Zelten oder Turnhallen leben. Arbeiten dürfen sie erst nach drei Monaten. Das sogenannte Taschengeld für Asylsuchende in Höhe von 4,60 Euro am Tag aus Abschreckungsgründen zu kürzen, wäre grundgesetzwidrig. Wenn jemand in seiner Heimat keine Lebensperspektive hat oder um sein Leben fürchtet, wird ihn eine Taschengeldkürzung in Deutschland nicht von einer Flucht abhalten.

Deutschland profitiert von Einwanderung: Menschen ohne deutschen Pass zahlen jedes Jahr rund 22 Mrd.

Euro mehr Sozialabgaben und Steuern als sie in Form von Sozialleistungen zurückbekommen. Viele Asylsuchende von gestern sind heute keine Bedürftigen mehr, sondern stärken als Erwerbstätige das Gemeinwesen.

2.6 „DIE NEHMEN UNS DIE ARBEIT WEG“

Angesichts des demografischen Wandels und des Fachkräftemangels braucht Deutschland Zuwanderung, damit die Wirtschaft Arbeitsplätze besetzen kann. Viele Asylsuchende haben gute Qualifikationen, dürfen aber frühestens nach drei Monaten arbeiten. Bis zu 15 Monate gilt das Vorrangprinzip, wonach u.a. kein Deutscher, EU-Bürger oder bereits anerkannter Flüchtling für den Job in Frage kommen darf. Diese Regelung ist nicht nur bürokratisch und schränkt Arbeitgeber in ihrer Entscheidungsfreiheit ein. Sie wirkt sich auch wie ein 15-monatiges Arbeitsverbot aus.

Asylsuchende können nur freiwillig ihren Schulabschluss angeben. 2014 hatten demnach 11 % keinen Abschluss. 24 % eine Grundschulausbildung, 35 % besuchten die Mittelschule und 16 % gingen auf ein Gymnasium. Wirtschaftsvertreter befürworten eine starke Zuwanderung, weil Deutschland in Zukunft durch den demografischen Wandel Arbeitnehmer fehlen werden. Gesucht sind nicht nur Hochqualifizierte. In den vergangenen 4 Jahren entstanden rund 1 Mio. Jobs für Ausländer ohne formale Ausbildung.

2.7 „GIBT ES NICHT VIELE FÄLLE VON MISSBRAUCH DES ASYLRECHTS?"

Fast die Hälfte der Asylanträge im Jahr 2014 - wie im ersten Halbjahr 2015 - hat das Bundesamt für Migration und Flüchtlinge anerkannt. Flüchtlinge aus Syrien werden zu fast 100% anerkannt, Flüchtlinge aus Afghanistan, Iran, Somalia, Irak und Eritrea zwischen 68% und 98%. Das Grundrecht auf Asyl gewährt politisch Verfolgten Schutz. Anerkennungsgründe nach der Genfer Flüchtlingskonvention und dem europäischen Flüchtlingsrecht sind:

- Bürgerkrieg
- gravierende Menschenrechtsverletzungen
- begründete Furcht vor Verfolgung wegen:
  - Rassendiskriminierung
  - Religion
  - Nationalität
  - politischer Überzeugung
  - Zugehörigkeit zu einer bestimmten sozialen Gruppe

Kein Asylgrund sind dagegen Armut, Hunger oder Umweltkatastrophen.

Für Menschen aus dem Westbalkan gibt es keine andere legale Einreisemöglichkeit nach Deutschland, als hier Asyl zu beantragen. Während ihnen in Deutschland regelmäßig kein Schutz zugesprochen wird, ist dies in anderen EU-Ländern anders: Dort erhalten Asylsuchende aus Bosnien-Herzegowina,

Serbien und Mazedonien einen Schutzstatus, wie in Italien (Anerkennungsquote bis zu 67%), in Frankreich (bis 17%) oder in Dänemark (20%). Nach europäischem Recht wird Flüchtlingsschutz auch gewährt, wenn mehrere Menschenrechtsverletzungen zusammen einer schwerwiegenden Menschenrechtsverletzung gleich kommen (*Art. 9 der Qualifikationsrichtlinie*).

So haben Schutzsuchende aus den Staaten des Westbalkans sehr wohl Verfolgungsgründe, können diese aber oft nicht ausreichend nachweisen.

2.8 „DIE SIND KRIMINELL"

Richtig ist: Flüchtlinge sind so verschieden wie Menschen eben sind.

Auch wenn es immer wieder behauptet wird: Es gibt keine Hinweise darauf, dass Flüchtlinge öfter straffällig werden als andere Menschen. Auch nicht, dass Menschen nichtdeutscher Herkunft krimineller sind als die Durchschnittsbevölkerung. Im Gegenteil: Für Jugendliche mit Migrationshintergrund ist das sogar wissenschaftlich widerlegt.

Gern wird versucht, die Kriminelle-Ausländer-Behauptung mit der Polizeistatistik zu untermauern. Das ist aber irreführend. Denn die Polizeistatistik erfasst Tatverdächtige, nicht TäterInnen. Daraus kann man lediglich schließen, dass „Ausländer" häufiger unter Verdacht geraten und polizeilich kontrolliert oder angezeigt werden. Beispiel NSU-Morde: Zehn Jahre lang wurden die türkischen oder griechischen Angehörigen der Opfer von der Polizei als mutmaßliche TäterInnen behandelt, während tatsächlich deutsche Rassisten die Täter waren.

Außerdem erfasst die Statistik auch Durchreisende wie etwa Touristen, deren (*vermeintliche*) Straftaten man nicht der ausländischen Wohnbevölkerung zurechnen kann. Ferner können eine Reihe von Taten – z.B. Verstöße gegen das Aufenthaltsgesetz - von deutschen Staatsangehörigen gar nicht begangen werden. Die Polizei in Bremen und Berlin sah sich aufgrund der kursierenden Vorurteile tatsächlich veranlasst, darauf hinzuweisen, dass es im Umfeld der örtlichen Asylunterkunft keine erhöhte Kriminalitätsrate gibt.

Tatsächlich verhindern vor allem Vorurteile, Misstrauen und mangelnde Kommunikation, dass Menschen in ihrem Stadtteil ein Gefühl von Sicherheit und Ordnung haben. „Wo jeder jeden kennt", fühlt man sich wohl. Verunsicherten Nachbarn ist zu raten: lernen Sie die Menschen kennen, die bei uns Schutz und Zuflucht suchen. Sie werden feststellen, dass Ihre Ängste auf Vorverurteilungen beruhen. Denn Flüchtlinge sind schlicht so verschieden wie Menschen es eben sind.

2.9 „DIE NEHMEN UNS DIE WOHNUNG WEG"

In den Ballungsräumen gibt es nicht genug günstige Wohnungen, auch nicht für Einheimische. Flüchtlinge kommen zunächst in Erstaufnahmeeinrichtungen und Übergangsunterkünften unter. Aber sie brauchen möglichst schnell eigenen Wohnraum. Dort, wo die Bevölkerung wächst, bedarf es eines breit angelegten Programms für sozialen Wohnungsbau, das günstigen Wohnraum für alle schafft. So gab es 1987 noch 3,9 Mio. Sozialwohnungen in Deutschland, derzeit sind es weniger als 1,5 Mio.

3.0 Nützliche Links

- Asylbewerber, Flüchtlinge, Migranten -
  was sind die Unterschiede?
  http://www.tagesschau.de/inland/fluech
  tlinge-531.html
- Diakonie Deutschland – FAQ Asyl und
  Flüchtlinge
  http://www.diakonie.de/faq-asyl-und-
  fluechtlinge-die-10-haeufigsten-fragen-
  und.html
- Fakten gegen Vorurteile
  http://www.proasyl.de/de/home/gemei
  nsam-gegen-rassismus/fakten-gegen-
  vorurteile/
- Faktencheck Zuwanderung
  http://www.sueddeutsche.de/politik/fak
  tencheck-zur-einwanderung-zahlen-
  gegen-vorurteile-1.2240831
- Sehenswertes YouTube-Video:
  https://www.youtube.com/watch?v=CUv
  4WjZgdFA
- SZ-Artikel *„Meisten Asylbewerber sind
  keine Wirtschaftsflüchtlinge"*
  http://www.sueddeutsche.de/politik/de
  batte-ueber-fluechtlinge-die-maer-vom-
  grossen-missbrauch-1.2325553

- Twitter-News Hashtag #mundaufmachen
  https://twitter.com/hashtag/mundaufma
  chen
- Wie ist die Situation in Herkunftsländern
  von Flüchtlingen?
  http://mediendienst-
  integration.de/artikel/informationspapie
  r-fluchtursachen-asylbewerber-zehn-
  wichtigste-herkunftslaender-syrien-
  westbalkan-er.html

4.0 HERAUSGEGEBEN VON

Tobias Schindegger
Lindenweg 63
99867 Gotha

eMail: info@gugeli.de

Blog: http://gnomunser.familygaming.de